MW01537153

Made in the USA
Las Vegas, NV
16 October 2022

57447594R00057